FIESE WEIHNACHTEN
SCHWARZER HUMOR ZUR BESCHERUNG

Cartoons von Harm Bengen, Bettina Bexte, Burkh, Peter Butschkow, Steffen Butz, Tim Oliver Feicke, Miguel Fernandez, Gerhard Glück, Katharina Greve, Markus Grolik, Christian Habicht, Hauck & Bauer, Barbara Henniger, Anton Heurung, Oli Hilbring, Michael Holtschulte, Phil Hubbe, Rudi Hurzlmeier, Dominik Joswig, Petra Kaster, Matthias Kiefel, Kriki, Uwe Krumbiegel, Dorthe Landschulz, Mario Lars, Jean Le Fleur, Piero Masztalerz, Til Mette, Nel, OL, Oliver Ottitsch, Martin Perscheid, Ari Plikat, Polo, Andreas Prüstel, Hannes Richert, Leonard Riegel, Stephan Rürup, Schilling & Blum, André Sedlaczek, Wolfgang Sperzel, Peter Thulke, ©Tom, Miriam Wurster, Martin Zak.

Herausgegeben von Wolfgang Kleinert und Dieter Schwalm

Lappan

© 2017 Lappan Verlag in der Carlsen Verlag GmbH, Oldenburg/Hamburg

ISBN 978-3-8303-3475-0

Alle Rechte vorbehalten. Das Werk darf – auch teilweise – nur mit Genehmigung des Verlages wiedergegeben werden.

© 2017 für die einzelnen Cartoons bei den Autoren

Cover: Mario Lars, Backcover: Wolfgang Sperzel

Druck und Bindung: Egedsa S.A.

Printed in Spain

www.lappan.de

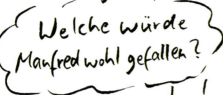

In der Weihnachtszeit bei Gänsen sehr beliebt: Daunenjacken.

Die Frau des Schönheitschirurgen

Krippenspiel

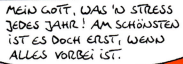

Joseph in der Herodes-Bar

„Paul, dass wir den Geburtstag eines anderen Außerirdischen feiern, ist noch längst kein Grund, uns den Krieg zu erklären!"

NEUES SICHERHEITSKONZEPT FÜR Weihnachtsmärkte

Fromme Wünsche

Herr Müller bastelt noch schnell ein Geschenk

MICHAEL HOLTSCHULTE

... da schau her! Es weihnachtet schon wieder sehr ...!

"KANN ICH GLEICH MAL VORBEIKOMMEN UND IHRE GÖREN VERMÖBELN, FRAU WUTTKE?!"

Advent

IMMER WENN IHN SEINE MUTTER BESUCHTE SAH SICH JENS-PETER GEZWUNGEN DIE BESCHEUERTE RIESENPFEFFERMÜHLE, DIE SIE IHM 1979 ZU WEIHNACHTEN GESCHENKT HATTE, ZUM EINSATZ ZU BRINGEN.

Krippenspiel in Brandenburg

Schöne Bescherung

IMMER MEHR ALTE MENSCHEN
MÜSSEN SICH ETWAS DAZUVERDIENEN.

Das passende Geschenk erweist sich oft als echtes Problem.

Die neuen Räuchermännchen-Schockbilder

WEIHNACHTEN FÜR JUNKIES –
MIT ECHTEM NADELBAUM

Weihnachten bei Wutbürgern

DA HATTE MAMA DEM LEON EINEN SCHÖNEN SCHRECK EINGEJAGT.

GESCHENK VON SCHLECHTEN ELTERN: MOBBING-DROHNE

Prof. Hwang Woo-Suks Weihnachten

Weil der Weltuntergang überraschend ausfiel, musste das Weihnachtsfest schnell improvisiert werden.

CHRISTMESSIE

Knecht Urprecht

Der Truck von Santa Claus

Die 3 fidelen Könige

Die Advente

Das Fest wird immer brutaler

... draußen vom Walde komm ich her – der Förster dort lebt nimmermehr ...

Beginne das neue Jahr mit einer guten Tat.

Die Cartoonisten

Harm Bengen, 1955 in Arle, Ostfriesland, geboren, wo er jetzt wieder als selbstständiger Cartoonist und Comiczeichner lebt. Veröffentlicht in diversen Zeitschriften und Zeitungen.
www.harm-bengen.de
S. 106, 107

Bettina Bexte, 1964 geboren. Nach dem Kunststudium als Illustratorin und Cartoonistin tätig. Lebt in Bremen. Ihre Arbeiten erscheinen in zahlreichen Zeitschriften (u.a. *Brigitte, Familie & Co., Der Bunte Hund*) www.bettina-bexte.de
S. 62, 63

BURKH, Burkhard Fritsche, 1952 in Mölln geboren, lebt seit 1996 in Köln. Veröffentlichungen in *Eulenspiegel, taz, Die Zeit, Tages Anzeiger (Zürich), Welt am Sonntag, Süddeutsche Zeitung, Kicker, spiegel-online* u.v.a. www.burkh.com
S. 6, 7, 86, 120, 121

Peter Butschkow, 1944 in Cottbus geboren. Veröffentlicht in diversen Zeitschriften und Zeitungen. Autor von über 150 Büchern und Kalendern.
www.butschkow.de
S. 41

Steffen Butz, geboren 1964 in Frankenthal/Pfalz. Lebt und arbeitet in Karlsruhe, Veröffentlichungen u. a. in *Journal für die Frau, der Rheinpfalz* und im *arcor-webportal*. Zahlreiche Buch- und Kalenderveröffentlichungen.
S. 3, 113

Tim Oliver Feicke, 1970 in Hamburg geboren, wo er heute noch lebt. Der Karikajurist arbeitet als Richter, veröffentlicht Cartoons in div. Tageszeitungen, im *Eulenspiegel* und in den juristischen Fachblättern *Deutsche Richterzeitung, Notar* und *RENOpraxis*.
www.wunschcartoon.de S. 102, 103

Miguel Fernandez. Der aus Rehburg (bei Hannover) stammende Comiczeichner, Cartoonist und Illustrator zeichnet seit 2005 Cartoons, die in diversen Zeitschriften und Magazinen abgedruckt werden. Mehr auf www.miguelfernandez.de
S. 92, 93

Gerhard Glück, 1944 in Bad Vilbel geboren. Lebt in Kassel. Kunsterzieher, inzwischen ausschließlich als Cartoonist und Illustrator tätig. Regelmäßig in der *NZZ* und im *Eulenspiegel*.
www.gerhard-glueck.de
S. 31

Katharina Greve, 1972 in Hamburg geboren, studierte an der TU Berlin Architektur. Lebt in Berlin. Veröffentlichungen in: *Titanic, Der Tagesspiegel, Das Magazin, electro-comics.com* u. a.
www.freizeitdenker.de
S. 135, 136, 137

Markus Grolik, 1965 in München geboren. Seit 1995 als freier Zeichner und Autor tätig für diverse Verlage. Veröffentlicht in der Fachzeitschrift *HMD-Praxis der Wirtschaftsinformatik*.
www.markus-grolik.de
S. 20, 21, 114, 115

Christian Habicht, 1962 in Jena geboren. Lebt und arbeitet als selbstständiger Zeichner in Eisenberg. Zeichnet für *Eulenspiegel*, die *Ostthüringer Zeitung*, den *Allgemeinen Anzeiger*, die *Freie Presse*.
www.christian-habicht.de
S. 73

Gerhard Haderer, 1951 in Leoning, Oberösterreich, geboren. Bekanntester Karikaturist Österreichs. Seit über 20 Jahren zeichnet er den Startcartoon für den *stern*.
S. 19, 39, 57

Hauck & Bauer, Elias Hauck, Berlin, und Dominik Bauer, Frankfurt, beide Jahrgang 1978. Veröffentlichen in der *Frankfurter Allg. Sonntagszeitung, Titanic* und *spiegel-online*.
www.hauckundbauer.de
S. 10, 11, 56, 81

Barbara Henniger, 1938 geb. in Dresden (einige Semester Architekturstudium und 10 Jahre als Journalistin bei einer Tageszeitung). Seit 1968 in Strausberg bei Berlin, Stammzeichnerin beim *Eulenspiegel*. www.barbarahenniger.de
S. 44, 45, 116, 117

Anton Heurung wurde 1957 in Bad Neustadt/Saale geboren. Er studierte Grafik-Design an der FH Würzburg Schweinfurt und arbeitet als freischaffender Illustrator und Künstler in Aschaffenburg.
www.antonheurung.de
S. 70, 71, 72

Oli Hilbring, regelmäßige Veröffentlichungen in der Sportzeitung *RevierSport*, im *Rookie Magazin* und bei *ehrensenf.de*. Er betreibt den Cartoon-Blog „Schön Doof" und lebt mit seiner Familie in Bochum.
www.oli-hilbring.de
S. 8, 9, 64, 65, 108, 109

Michael Holtschulte, Jahrgang 1979, lebt und arbeitet als Cartoonist und Illustrator in Herten. Zeichnet für zahlreiche Zeitungen und Magazine. Seine Cartoons sind wöchentlich auf www.totaberlustig.de zu sehen.
S. 46, 47, 88, 89

Phil Hubbe, geboren 1966 in Haldensleben. Zeichnet regelmäßig für Zeitungen und Zeitschriften (u. a. *kicker*). 1985 erkrankte er an Multipler Sklerose und machte dies auch zum Thema seiner Cartoons.
www.hubbe-cartoons.de
S. 94, 95

Rudi Hurzlmeier, geb. 1952 im niederbayerischen Kloster Mallersdorf, lebt als Maler, Cartoonist u. Autor in München. Rund 100 Einzel- u. Themen-Ausstellungen im In- u. Ausland. Ständiger Mitarbeiter bei *Titanic*. Mehr als 40 Bücher veröffentlicht.
S. 49, 50, 112, 134

Dominik Joswig, 1970 in Karlsruhe geboren, ging nach dem Designstudium Ende der 90er nach Berlin, wo er in Agenturen arbeitete. Seit 2010 selbstständig als Illustrator und Grafiker, Veröffentlichungen u. a. in der *Sächsischen Zeitung* und *DW.de*.
www.djoswig.de   S. 84, 85

Petra Kaster, 1952 in Mülheim an der Ruhr geboren. Studium Visuelle Kommunikation. Lebt und arbeitet in Mannheim. Trickfilmautorin, Veröffentlichungen in diversen Zeitschriften, Zeitungen und Büchern.
www.petrakaster.de
S. 82, 83

Matthias Kiefel, geboren 1960 in Berlin. Lebt und arbeitet dort als Grafik-Designer in einer Werbeagentur. Veröffentlichungen u.a. in *zitty*, *Süddeutsche Zeitung*, *tip* und *Eulenspiegel*.
www.kiefel-cartoon.de
S. 32, 33

Kriki wurde als Christian Groß 1950 in Lamstedt (Niedersachsen) geboren, lebt in Berlin-Kreuzberg, veröffentlicht für *taz, zitty, Eulenspiegel, mare, Schmutz und Schund* und *Der Kleine Lemur*.
www.kriki.cartooncommerz.de
S. 60

Uwe Krumbiegel, 1962 in Flöha (Sachsen) geboren. Lebt in der Nähe von Freiberg, ist Dipl.-Ing. in der Energiewirtschaft. Veröffentlichungen u.a. in *Leipziger Volkszeitung, Freie Presse* und *Eulenspiegel*.
www.uwe-krumbiegel.de
S. 28, 29, 100, 101

Dorthe Landschulz lebt als freie Illustratorin/Grafikerin in der Bretagne. Ihre Cartoons sind u. a. auf ihrer Facebookseite *ein Tag ein Tier*, auf *Stern.de* und in *Tierwelt* zu sehen.
S. 16, 17, 25, 69, 126, 127, 140

Mario Lars, Roland Regge-Schulz, 1964 in Mecklenburg geboren, lebt dort als Grafiker, Journalist, Zeichner und Autor. Veröffentlicht in *spiegel-online, Eulenspiegel, Schweriner Volkszeitung* und *Sächsische Zeitung*. www.schulzenhof.de
S. 4, 5, 42, 43, 90, 91, 130, 131 und Titelseite

Jean La Fleur, (Mitte 30) sportl. und gepflegt, veröffentlicht Cartoons in *Titanic, Taz* und *Eulenspiegel*. Sucht Verleger (gerne etwas molliger) für gemeinsame Buchveröffentlichung. Erotische Bilder finden Sie auf www.itsjeanbitch.tumblr.com.
S. 48

Piero Masztalerz, vielfach prämierter Cartoonist, veröffentlicht u. a. auf *Spiegel Online*, in *Titanic, Stern* und *Eulenspiegel*. Seit 2013 tourt er mit seiner *Live Cartoon Show* (Cartoons, Stand-Up und Musik) durch Deutschland und Österreich. Termine unter www.schoenescheisse.de   S. 54, 55, 96, 97

Til Mette, geboren 1956 in Bielefeld. Studierte Geschichte u. Kunst. Mitbegründer der *taz* Bremen. Lebte über 15 Jahre in den USA, seit 2006 in Hamburg. Seit 1995 als Staff-Cartoonist beim *Stern*. 2009: Deutscher Karikaturenpreis in Gold.
S. 138, 139

Mutterwitz. Das sind **Bettina Bexte** und **Miriam Wurster**
S. 14, 15, 122, 123

NEL, 1953 als Ioan Cozacu in Rumänien geboren. Er studierte Innenarchitektur in Halle und lebt heute in Erfurt. Seit 1984 als freischaffender Cartoonist tätig. Veröffentlicht regelmäßig in diversen Tageszeitungen und im *Eulenspiegel*.   www.nelcartoons.de
S. 36, 37, 38

OL wurde als Olaf Schwarzbach 1965 im Osten Berlins geboren, lebt und arbeitet in Berlin. Zeichnet unter anderem für *Berliner Zeitung, Börsenblatt, Jungle World, Tip, n-tv* etc. Zahlreiche Buchveröffentlichungen. www.ol-cartoon.de
S. 66, 67, 68

Oliver Ottitsch, geboren 1983 in Graz. Lebt, studiert und zeichnet schweinische Witze in Wien. Veröffentlichte bisher im *Nebelspalter, Eulenspiegel* und weiteren artverwandten Druckwerken.
www.oliverottitsch.com
S. 76, 77

Martin Perscheid, 1966 in Wesseling bei Köln geboren. Cartoonist und Autor, veröffentlicht in über 50 verschiedenen Zeitschriften und Zeitungen.
www.martin-perscheid.de
S. 75, 104, 105

Ari Plikat, geboren 1958 in Lüdenscheid. Lebt in Dortmund, zeichnet Illustrationen, Cartoons und komische Bilder, die in vielen Zeitungen/Zeitschriften zu sehen sind.
www.ariplikat.de
S. 26, 27, 128, 129

POLO (André Poloczek), geboren 1959 in Wuppertal, wo er auch heute lebt. Seine Cartoons erscheinen u.a. in *Eulenspiegel, iTALien, Metallzeitung, Nebelspalter* und *spiegel-online*.
www.polo-cartoon.de
S. 132, 133

Andreas Prüstel, 1951 in Leipzig geboren. Bauarbeiter, Heizer, Gleisbauer, Technischer Zeichner u.a. Lebt seit 1978 in Berlin. Veröffentlichungen in *Eulenspiegel, zitty, taz, Sächsische Zeitung, Strassenfeger, financial times* und bei *spiegel-online*.
S. 51, 52, 53

Hannes Richert (Berlin) wurde 1982 geboren. Er studierte Medien-Design in Münster. Seine Cartoons veröffentlicht er hauptsächlich in *Eulenspiegel, Titanic* und *zitty*.
www.hannesrichert.de
S. 61, 110, 111

Leonard Riegel, geboren 1983 in Göttingen, lebt in Kassel, veröffentlicht für *Titanic*.
www.leonardriegel.de
S. 98, 99

Stephan Rürup, 1965 geboren, lebt in Münster, war Redakteur bei der *Titanic*. Seine Zeichnungen erscheinen in *Titanic, Welt am Sonntag, Journal Frankfurt, Metallzeitung, die Presse, zitty* und diversen Tageszeitungen. www.stephanruerup.de
S. 18, 34, 35, 40

Schilling & Blum sind Michael Schilling, geb. 1983, u. Jan Blum, geb. 1981. Von Köln aus führen sie seit 2010 ihren Cartoon-Blog vomlebengezeichnet.de und veröffentlichen u. a. in *Titanic, Eulenspiegel, Stern* und *Spiegel Online*.
www.vomlebengezeichnet.de S. 58, 59

André Sedlaczek, geboren 1967 in Detmold, wo er auch heute lebt und seit 1996 als freier Cartoonist und Illustrator tätig ist. Zeichnet regelmäßig für den *Eulenspiegel*.
www.bissiges.de
S. 124, 125

Wolfgang Sperzel, 1956 in Gernsheim geboren. Diplom-Grafikdesigner. Lebt heute in der Nähe von Lüneburg und zeichnet Comics und Cartoons für Magazine und die Wirtschaft, seit 1993 regelmäßig für die *Auto-Bild*. www.comicar.de
S. 87 und Backcover

Peter Thulke, 1951 in Wismar geboren, lebt seit 1980 in Berlin, arbeitete als Bühnenarbeiter und Bote. Veröffentlicht heute seine Cartoons u.a. in *Medical Tribune, Psychologie heute, Eulenspiegel, Sächsische Zeitung, Nebelspalter*.
S. 118

©TOM, eigentlich Thomas Körner, 1960 in Säckingen geboren. Lebt in Berlin. Seit 1991 erscheinen seine Touché-Comicstrips täglich in der *taz*.
www.c-tom.de
S. 22, 23, 24

Miriam Wurster, geboren 1964. Studierte Illustration und Cartoon an der HfK Bremen. Seit 1992 arbeitet sie freiberuflich in Bremen. Ihre Cartoons erscheinen z.B. in der *Titanic, spiegel-online* und im *Nebelspalter*. www.miriamwurster.de
S. 30, 74, 119

Martin Zak, geboren 1972 in Bytom, Polen. Studium Visuelle Kommunikation in Bielefeld. Lebt in Köln. Veröffentlicht u.a. in *Eulenspiegel, Nebelspalter, SPICK, MAD, Flashtimer, zitty, Schweizer Katzenmagazin*. www.martin-zak.de
S. 12, 13, 78, 79, 80

Die Herausgeber

Wolfgang Kleinert, 1953 in Ostberlin geboren, Journalistikstudium in Leipzig, bis 1991 Redakteur beim *Eulenspiegel*. Als Gründer der Cartoonfabrik macht er seit 1992 Cartoonausstellungen. Seit 1993 Geschäftsführer der Köpenicker Cartoon Gesellschaft.

Dieter Schwalm, 1954 in Oldenburg geboren, Industriekaufmann, Verlagshersteller u. Werbegrafiker, Arbeit als Werbe- und Presseleiter eines Buchverlags. 1983 Mitbegründer des Lappan Verlags, seitdem für das Cartoonprogramm verantwortlich.

Fiese Bilder – Meisterwerke des schwarzen Humors
ISBN 978-3-8303-3237-4

Fiese Bilder 4 – Meisterwerke des schwarzen Humors
ISBN 978-3-8303-3296-1

Fieses Bilder 6 – Meisterwerke des schwarzen Humors
ISBN 978-3-8303-3457-6

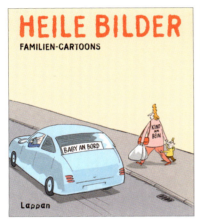
Heile Bilder – Familien-Cartoons
ISBN 978-3-8303-3381-4

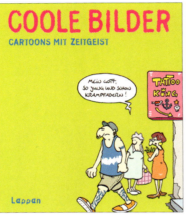
Coole Bilder 3 - Cartoons mit Zeitgeist
ISBN 978-3-8303-3353-1

Packende Bilder - Cartoons im Urlaub und auf Reisen
ISBN 978-3-8303-3304-3

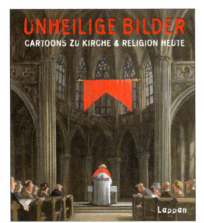
Unheilige Bilder – Cartoons zu Kirche & Religion heute
ISBN 978-3-8303-3463-7

Reizende Bilder 2 – Cartoons von Frauen und Männern
ISBN 978-3-8303-3386-9

Fitte Bilder – Cartoons zum Wohlfühlen
ISBN 978-3-8303-3413-2

IN JEDER GUTEN BUCHHANDLUNG UND UNTER WWW.LAPPAN.DE